はじめての こままわし

日本こままわし協会

初級のワザとあそび

いかだ社

はじめに

こまは楽しい！

　こまは、指でひねったり、手でもんだり、ひもを利用して回転させる、古くから世界中であそばれているおもちゃです。まわし方や形、材質など、さまざまな種類のこまが考案されてきました。

　爆発的なブームにはならないけれど、とぎれることなく受けつがれてきました。理由は、あそび方が単純で手がるにあそぶことができ、ひとりでも、そして友だちとも競いあうことができるからでしょう。とくに日本の投げごまは技がたくさんできて、技の多さは世界一と言えるほどです。今までに200種類以上の技が考えられてきましたが、その多くは子どもたちが生み出したものです。

　こまに限らず、昔あそびのよさは、決まったことをクリアするだけでなく、「考える余地を残している」ことでしょう。みなさんもこの本をヒントに、新しい技やあそび方を生み出してください。

もくじ

日本と世界の投げごま

ひもを巻いて投げてまわすこまは、回転力があり、迫力があります。
いろいろな技やバトルができるので世界中であそばれています。
その一部を紹介しましょう。

日本の投げごま

投げごま

日本の代表的な投げごまです。

缶ごま

大山ごま

木ごま（白木）

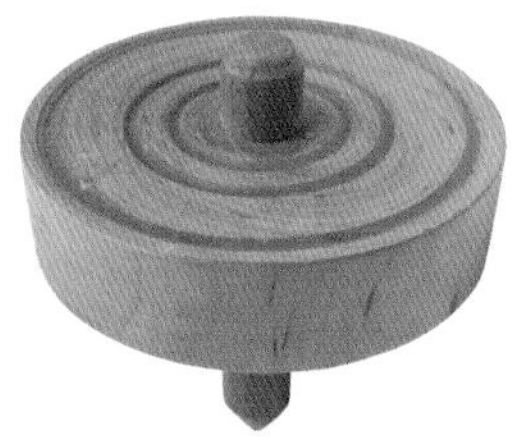

べーごま

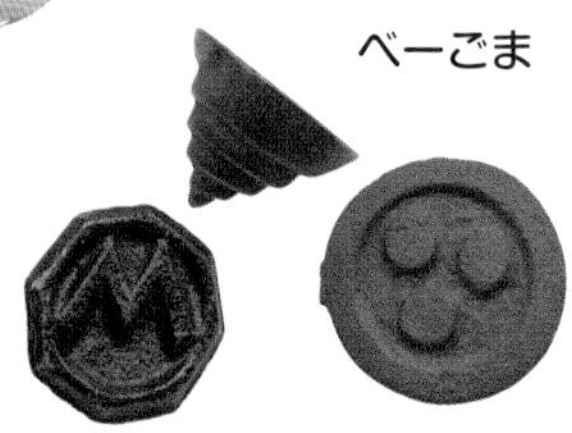

鉄ごま

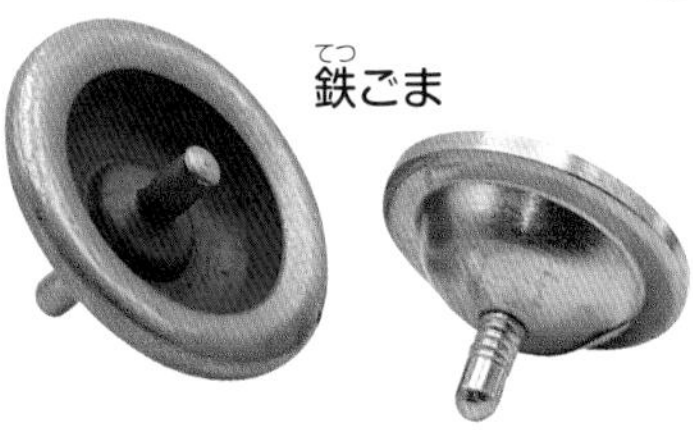

九州けんかごま

芯棒の形もいろいろで、鋭く工夫されています。相手にぶつけて割ってしまう勇壮なこまです。大きく分けて、博多系・熊本系・長崎系があります。

博多系

熊本系

長崎系

ずぐりごま

雪の上でもまわる工夫がしてあります。

ずぐり

三重ずぐり

鉄輪ごま

鉄の重さで回転力が増し、バトルに強いこま。

けしごま

厚輪ごま

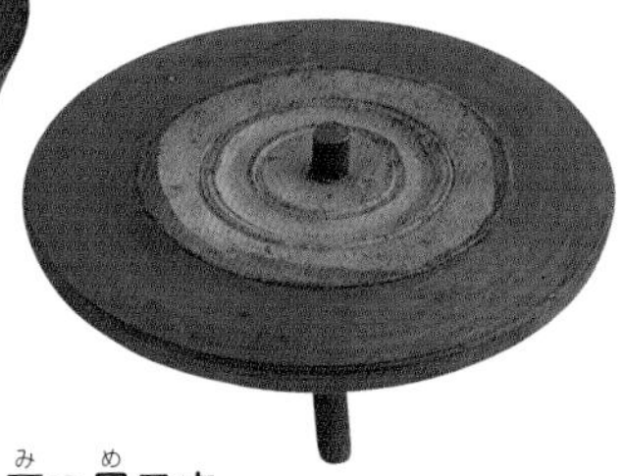

三つ目ごま

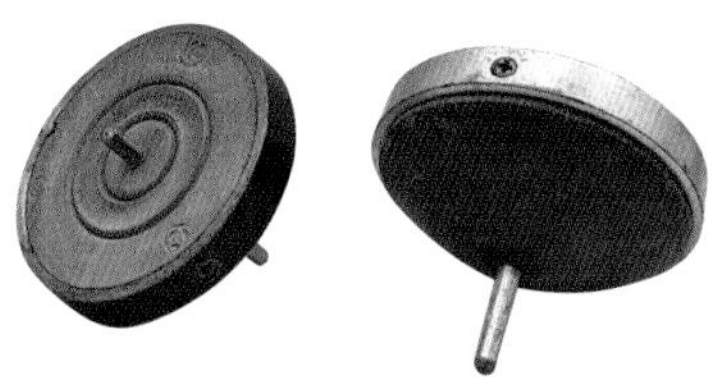

世界の投げごま

たて長で、相手に直接あてるこまが多いのが特徴です。

【マレーシア】
世界一長くまわる（約２時間）。直径24cm

【ミンダナオ諸島】
あそびだけでなく狩猟用にも使われる。直径13.5cm、高さ22cm

【アメリカ】
穴があいていて音が出る

【コロンビア】
人の形をしている

【シシリー島】
するどい芯棒

【ポルトガル】
ひもを収納できる

技に適した日本の投げごま

日本の投げごまは胴体が扁平で、上下に心棒が通っていて、足が長いのが特徴です。この形が、技をするのにとても適しています。

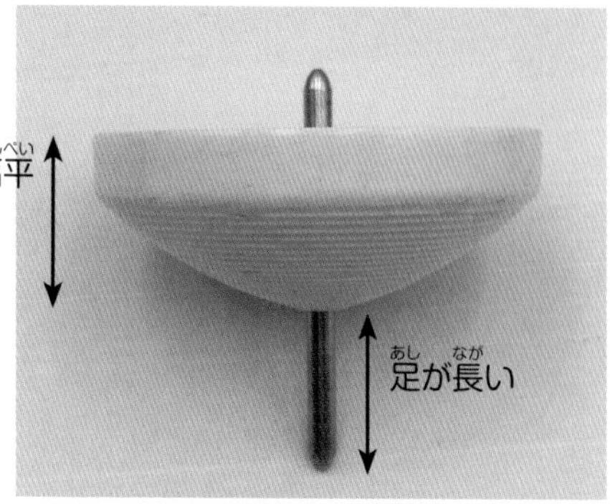

こまの体

技をするには、ブレの少ないこまの方がやりやすいので、木製よりもプラスチック製のこまを選んだ方がよいでしょう。
木製のこまは年輪があるために、ブレるこまに当たることが多いです。昔は職人さんが一つひとつバランスを見ながら手作りしていましたが、今のこまは大量生産で作られているので、本当にブレのないバランスのいいこまに当たることはまれです。その点、プラ製のこまは重さが平均で、ブレが少なく技がやりやすいのです。

それぞれの部分のなまえ

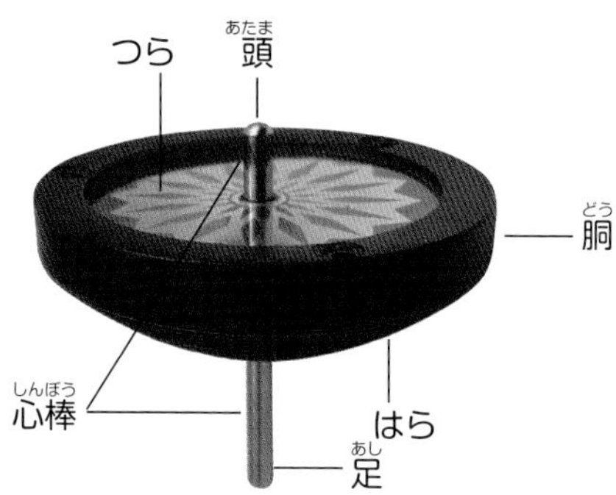

心棒

心棒には木製と鉄製があります。
木製の心棒は、接地面との摩擦が大きいため回転する時間が短く、特に手のひらの上では長くまわりません。何度もあそぶうちにすり切れて、先が平らになってしまうこともあります。
鉄製の心棒は、接地面との摩擦が少ないので、手のひらの上でもよくまわります。すり切れて平らになることもありません。技に向いているのは鉄製の心棒だといえます。

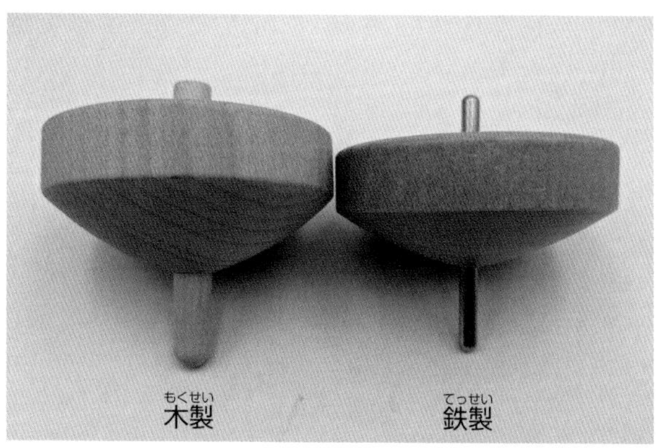

ひも

ひもは大きく分けると、よりひもと丸ひもがあります。
こまの大きさに合った太さ、長さのひもを選びましょう。ひもを巻いたとき、こまのはらが全部かくれるくらいの長さがちょうどよい長さです。
直径約6cmのこまの場合、4mmの太さのひもを使うと長さは140cmくらいがめやすです。
技によって、ひもの長さや太さを変える工夫をしてもよいでしょう。

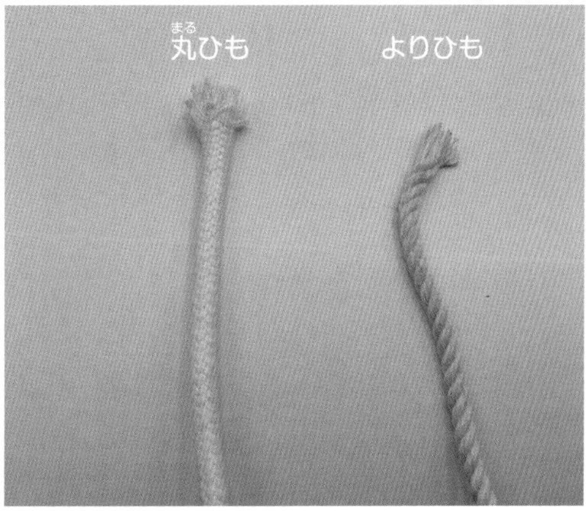

よりひもは、反時計まわりに巻くと、よりがもどりやすくなって、ひもがだめになることがあります。よりひもで反時計まわりに巻く場合は、よりがもどらないようにていねいに巻くように心がけましょう。（とくに心棒の近く）
反時計まわりに巻く人（左ききの人など）は、丸ひもを使うとひもが長持ちしますが、やりにくい技、できない技がでてきます。
ボロボロになったひもはケガにつながることもあるので、早めに交換しましょう。

よりがもどって、ほどけてしまったひも

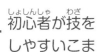

初心者が技をしやすいこま

- 直径6cmくらい
- プラスチック製
- 鉄製の芯
- ひもは太さ4mm、長さ140cmくらい

日本こままわし協会認定のこま

はじめてこままわしをする人も使いやすく、よくまわる。

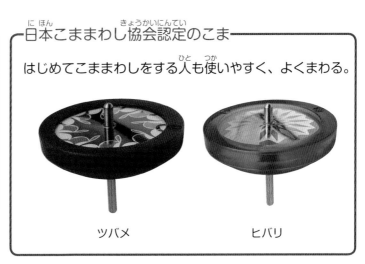

ツバメ

ヒバリ

こまの準備

こぶ（結び目）の作り方

ひもの両はしにこぶ（結び目）を作りましょう。はしを結んでおかないと、よりがもどってひもがバラバラになり、使えなくなってしまいます。

●とめ結び

太いひも（直径4 mm）はこれでOK

●8の字結び

ひもが細い場合は、とめ結びだとこぶが小さいので、8の字結びで大きなこぶを作ります

輪っかの作り方

こぶを使ってひもを巻けない初心者は、ひもの片方に輪っかを作るとよいでしょう。輪っかは大きいほどよいですが、結び目がこまの外側に出ないようにします。

① 先端から10cmくらいのところを右にひねって輪を作る。

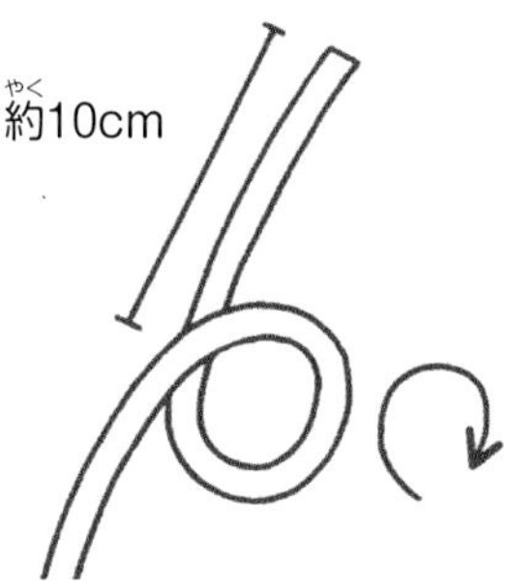

② 図のように輪の中へ上から通す。

③ ★のところの輪の大きさと先端の長さをととのえながら、結び目をかたくしめる。

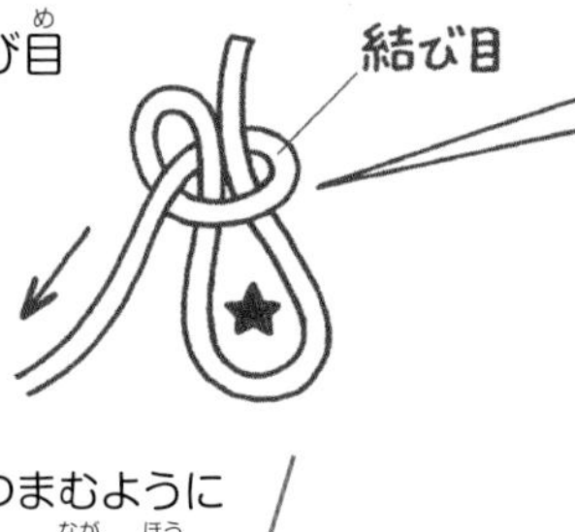

結び目をつまむようにして、ひもの長い方を引っぱっていこう

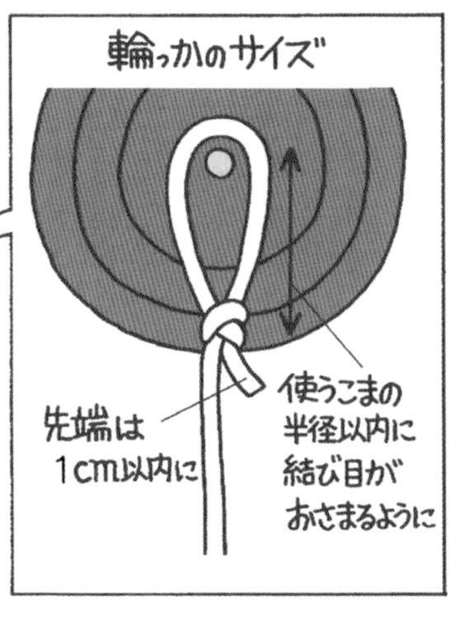

ひもの巻き方（右きき用）

左ききの人は左右逆にしてやってみましょう
②では反時計まわりに巻きます（左巻き）

ひもの巻きがゆるいと、こまはうまくまわりません。ひもはしっかりと巻けるように練習しましょう。

① こぶをこまのはしでおさえる。心棒の頭に1回巻き、こぶが頭で止まるまでひもを引く。

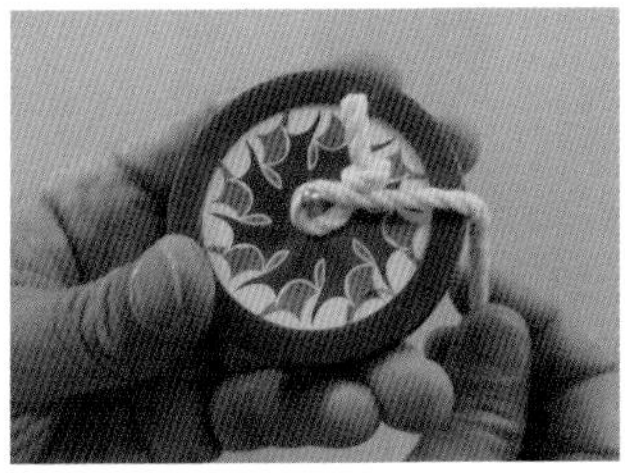

むずかしい人は輪っかを使おう

② ひもを引いたままこまをうらがえし、足の向こうにかける。

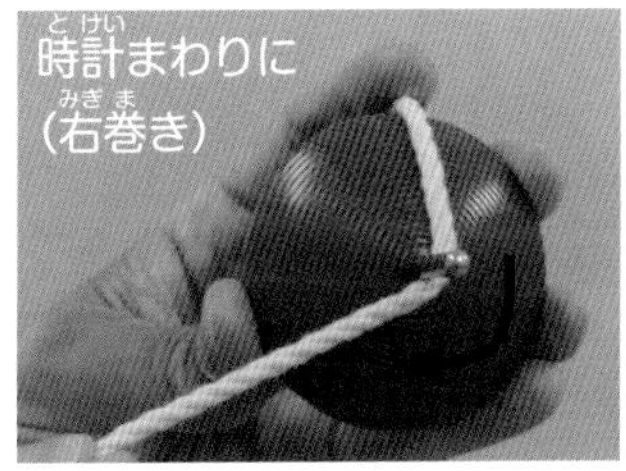

③ 足の根元から先に向かって2～3回巻き、つぎに根元の方にもどりながら巻く。

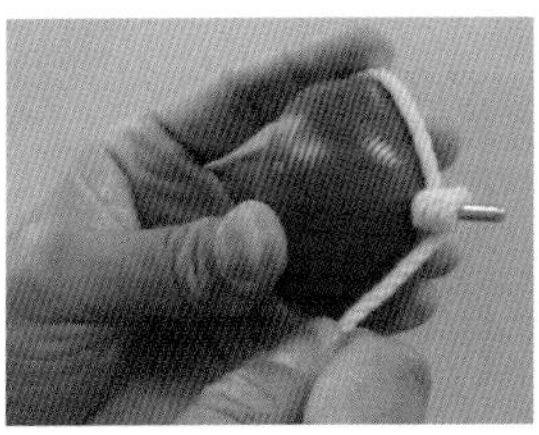

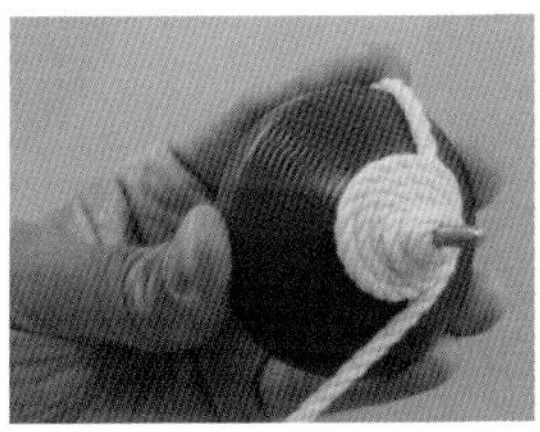

根元は、かたく引きしぼる！

④ こまのはらにそって、ひもがたるまないようにかるく引っぱりながら巻く。

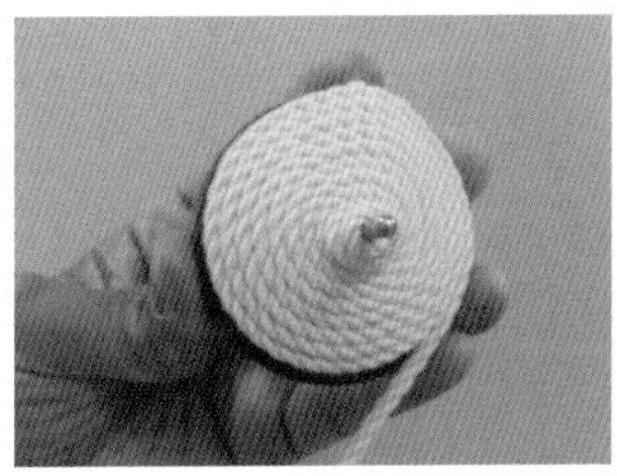

★ひもを長く持つと巻きにくいので、ひもは短く持って巻こう。足りなくなったら、手の中から「しゅるん」とすべらせて使うぶんをのばそう。

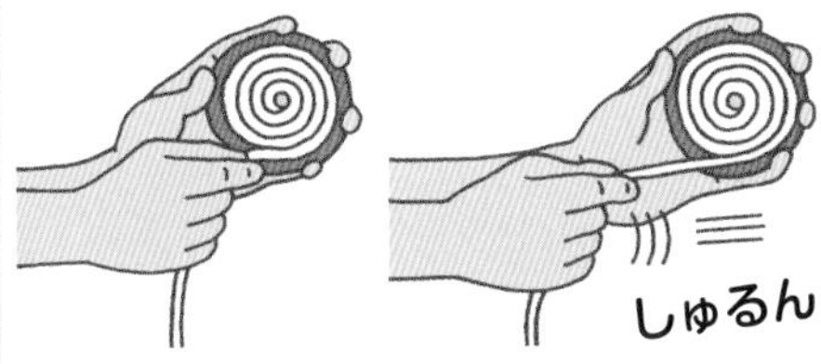

持ち方

① 薬指と小指の間にひもをはさみ、ひものはしまで手を下げる。

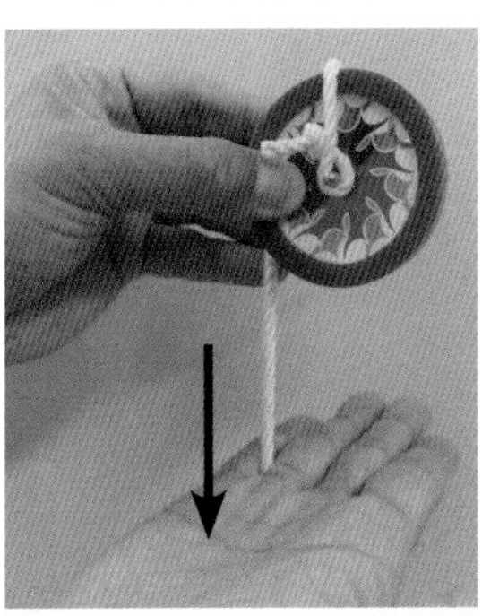

指の間にこぶが当たるまで下げよう

② 中指と薬指でひもをにぎる。

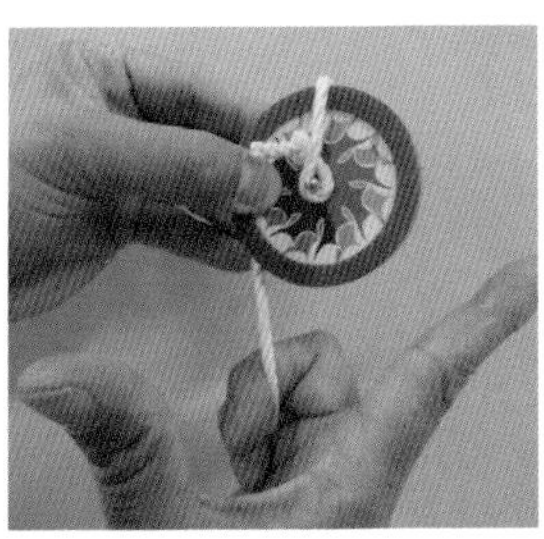

残ったひもをこまに巻きながら手に近づける

③ 親指はつら、人さし指は胴、中指ははらに当てて持つ。

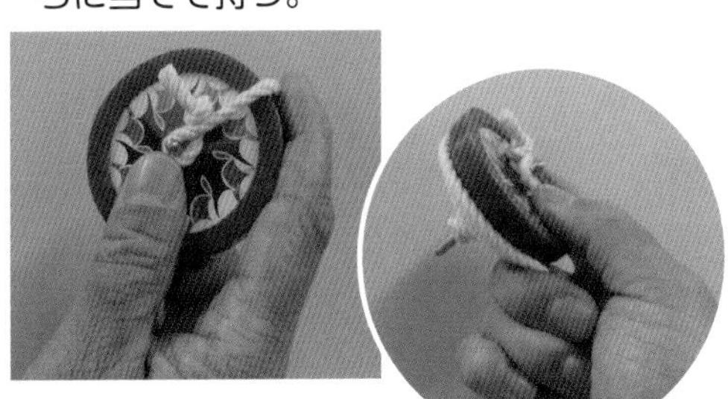

こまの投げ方

「こまをまわそう」というより、「まわってね」と送りだしてあげる気持ちで投げよう。

こまは、巻いたひもがほどけていくことで回転します。足（心棒）から着地すれば、こまは勝手にまわるのです。まずは外投げのフォームをしっかりおぼえて、最初はかるく投げてみましょう。

外投げ

① かまえ

下を見ないで遠くを見る

うでは下へぶらさげる

ひじ、手首はまげない

手のひらを上に向けて持つ

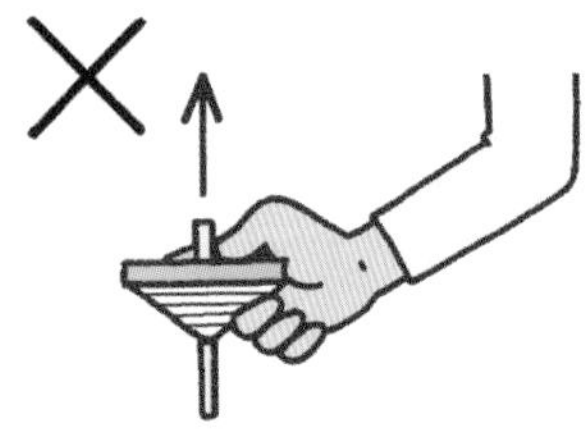

つらを上にして投げると、こまがたおれてしまうよ。（つらは上を向いていなくてよい）

② すぶり

力をぬいて、下で大きくぶらぶらふり子の動き

悪い投げ方

横投げ

わきが開いている

上投げ

ひじがまがっている

③ 投げ

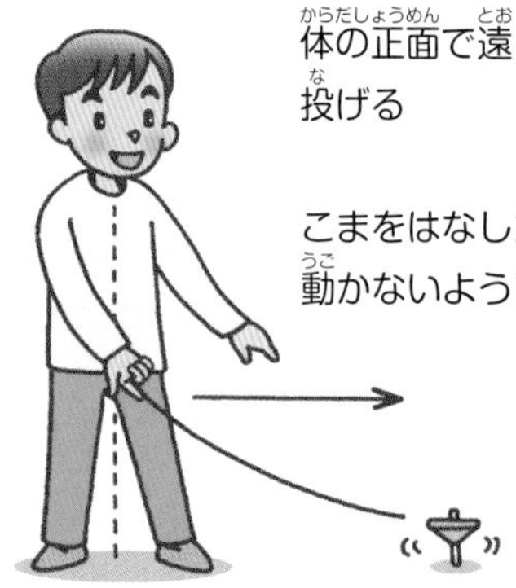

体の正面で遠くへ投げる

こまをはなしたら動かないようにする

手のひらは上を向いたまま

ピタッと止めるくらいでもよい

近くに着地するとひもがゆるんで、こまはうまく回転できなくなるよ。

内投げ

外投げをおぼえたら、「内投げ」という投げ方もおぼえましょう。
ひもを巻く方向が外投げとは逆になります。

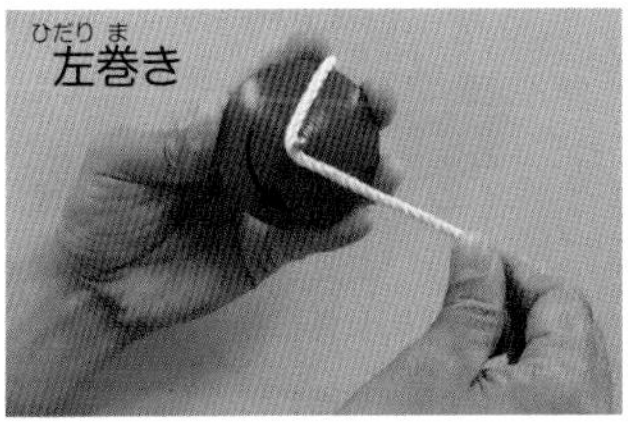

右ききの人は反時計まわり（左巻き）に巻く
左ききの人は時計まわり（右巻き）に巻こう

① かまえ

下を見ない

うでをのばして遠くで
かまえる

少し腰を落とす

手のひらを下に向ける

② すぶり

ひじから先を動かす
（手首はまげない）

おへその前と①でかまえた
ところを水平に

③ 投げ

手のひらは下を
向いたまま

こまをはなしたら
動かないようにする

遠くへ投げる

●内投げは、よりひものよりがもどってほどけやすいよ。バラバラにならないように、投げたあとはよりをもどすようにしよう。

ひもを引きぬく

こまを投げてひもがほどけきる前に、いきおいよくひもを「引きぬく」ことで、より回転をつけたり、技につなげたりすることができます。初心者は引きぬくタイミングがつかめず、せっかくまわったこまを倒してしまうこともあります。最初はひもを引かずに投げっぱなしにすることを意識したほうがよいでしょう。慣れてきたら、タイミングを探りながらひもを引きぬく練習をしましょう。

引きぬくタイミング

少しだけひもが残っている状態
(一瞬でひもが引きぬける状態)

ポイント

● こまに残った数センチのひもを引きぬくだけでよいので、うでを大きく引くことはない。「投げて・引く」というよりは、投げた先で「トン」とはねかえるイメージでやるとうまくいきやすい。

× 2つの動き　　○ 1つの動きに意識を集 中！

おそるおそるやらず、思いきってやろう！

ためしてみよう

Let's try!

★引きぬくタイミングでこまの動きが変わるよ。いろいろためしておぼえよう。

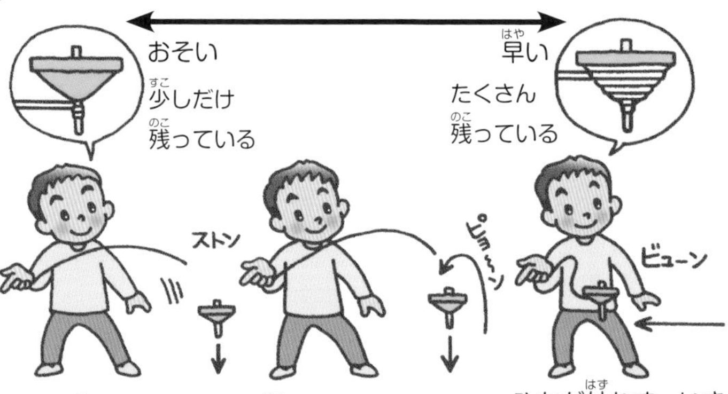

その場でまわる　　上へジャンプする　　ひもが外れず、いきおいよく飛んでくる

おぼえよう！

こまの技

こまのかっこいい技やショーなどを見て、自分もやってみたい、と思うことはすてきなことです。でも、初めての人がいきなりむずかしい技をやるのは、うまくできないだけでなく、思わぬ危険につながることがあります。

ここからは、こまの初級の技を紹介します。こまをじょうずにあつかえるようになると、こまがもっと楽しくなります。

最初はだれもが初心者です。あせらずにひとつずつ、楽しみながら技に挑戦していきましょう。

技をするときに注意したいこと

- まわりの人や物に気をつけて練習しよう。人のいるほうに投げないこと。近くにガラスなどがないか注意しよう。
- いきなりむずかしい技に挑戦せずに、基礎の技をくりかえし練習しよう。それが上達への近道だよ。
- 板などを用意しておくといいよ。床を傷つけないし、外で練習するときにも役に立つよ。
- こまを床に置きっぱなしにしないこと。ふんでしまうとあぶないし、こまがこわれてしまうよ。練習やあそびの後はきちんと片づけよう。
- リラックスしてやろう。体に力が入っていると動きが固くなって、うまくいかないよ。
- できない技があったら、むりに続けずに休けいしよう。やみくもにくりかえすだけでなく、なにが原因で失敗しているのか、考えることも大切だよ。

レベル 1 2 3 4 5 6 7 8

犬のさんぽ

こまにひもをかけて、地面を移動させる技です。
こまを犬に見立てて名前をつけてもいいですね。
なかよくおさんぽすると楽しいし、愛着がわきます。

見て練習しよう　ひもを引きぬく（p12）

応用技・あそび　ひもかけ手のせ（p18）　日本一周（p20）
メリーゴーランド（p21）

① こまを地面でまわしたら、ひもの両はしを持つ。

② こまの足に、ひもを向こう側からかける。

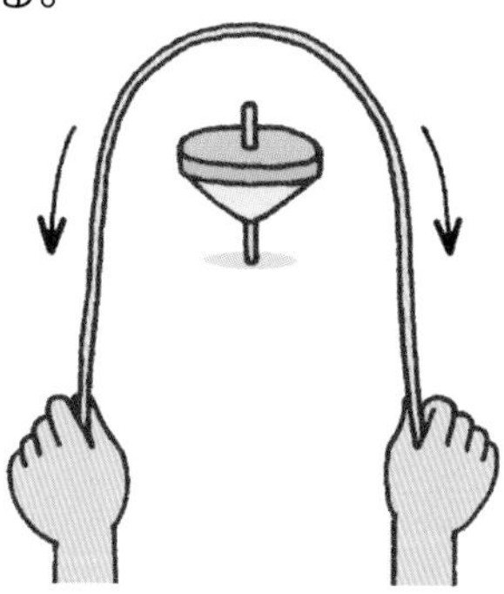

ひもはかけるだけ。
巻くとしめつけてしまい、
こまが止まってしまうよ。

③ ひもの両はしをたばねて片手で持ち、ゆっくり引いてこまを移動させる。

何メートル歩けるか、
友だちと競争して
みよう。

レベル 1 2 3 4 5 6 7 8

ジャンプ

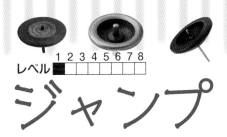

ひもでこまをはじき飛ばす技です。上にはじいてまとに入れたり、階段をのぼったり。いきおいよく飛ばして相手のこまにぶつける「こまバトル」で、みんなであそぶこともできます。

見て練習しよう　ひもを引きぬく（p12）

応用技・あそび　けんかごま（p28）　こま迷路（p30）

① こまをまわしたら、20 ～ 30cmくらいの長さで両手でひもを持つ。

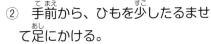

② 手前から、ひもを少したるませて足にかける。

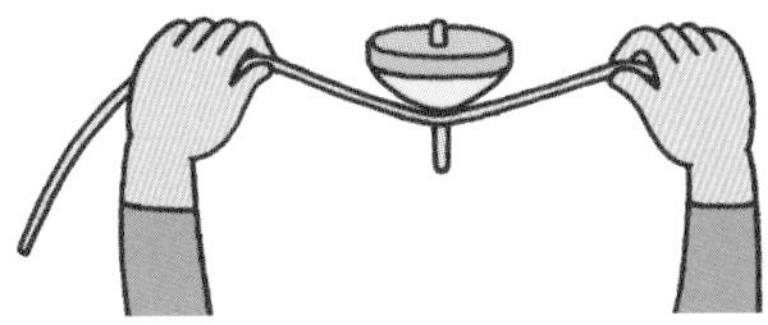

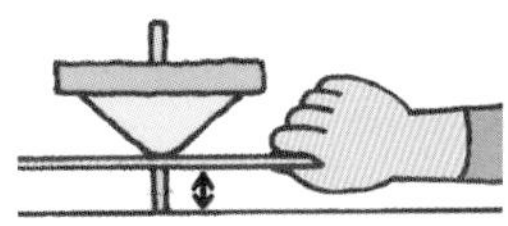

ひもは少し地面からはなす

③ ひもでこまを押しながらピンとはると、こまが向こうへ飛ぶ。

高さを変えると…

●③のとき、ひもを押す方向を変えると、こまが飛ぶ高さが変わるよ。

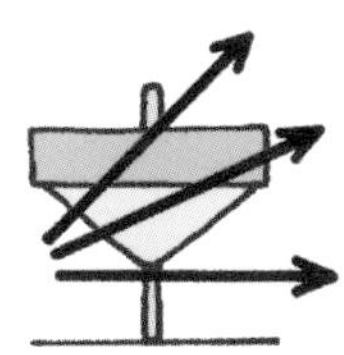

いろいろためして
みよう

段差越え

階段のぼり

遠投

ジャンプのあそび

ボーリング

何本たおせるかな？

けんかごま（p28）

どちらが勝つかな

レベル 1 2 3 4 5 6 7 8

まといれ

こまをまとに直接投げ入れる技です。ねらったところに投げられるようになると、いろいろと応用がききます。

見て練習しよう　ひもを引きぬく（p12）
応用技・あそび　こままととりゲーム（p29）　こま迷路（p30）

① はじめは大きめのまとでやってみる。

ちょうどよいところで手をピタッと止めるようにするとよい

ひもの長さぶん、はなれて投げよう

② なれてきたら、まとをだんだん小さくしていく。

いろんな形や大きさがあるといいね

●ひもの引きぬき（p12）がじょうずにできると、まとの近くでの微調整ができるようになるよ

●コントロールをよくするには、たくさん投げて練習あるのみ！

まといれのあそび

① 板などにいろいろな大きさの円をかき、まとに点数をつける。

むずかしいまとは高得点！

② 交代で投げ、何点とれるかで勝負！

	1	2	3	4	5	6	7
A	10	10	10	0	0	20	
B	50	0	0	20	10	10	

まといれのまと

身近にあるものをそのまま利用したり、自分で作ったりしましょう。いろいろ工夫するともっと楽しめます。

身近なものを使って

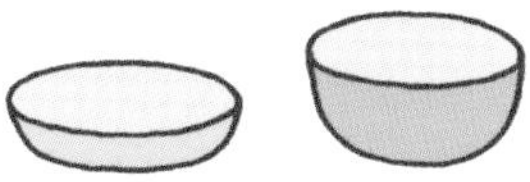

プラスチックのおさら

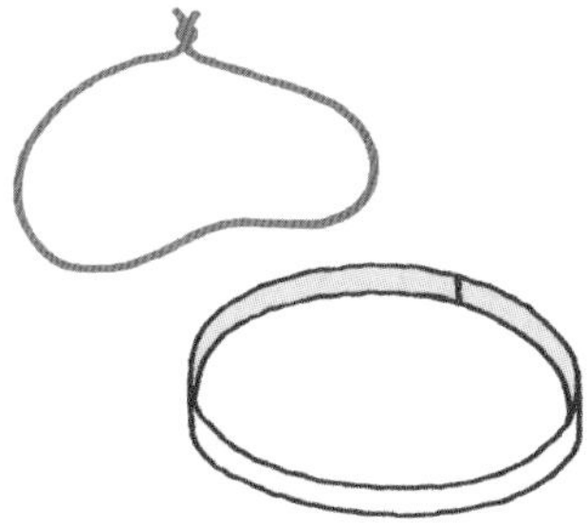

紙やひもを輪にする

箱やカンのふた

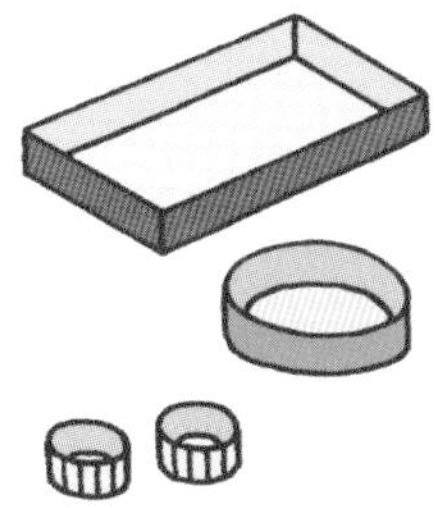

ペットボトルのふたも

手作りして

板に固定すると、まとがあっちこっち動かないよ！

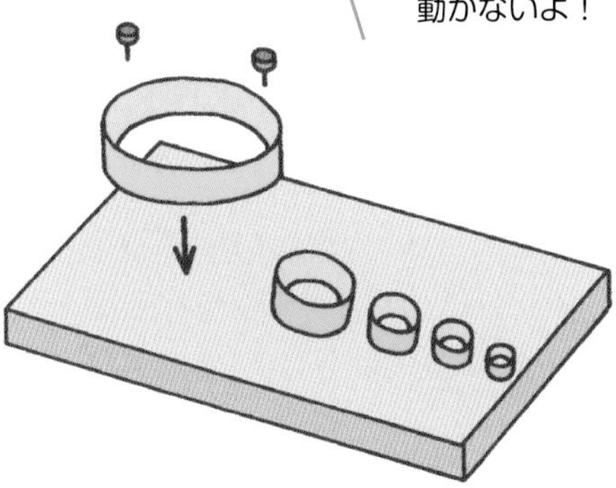

洗面器のうらなどもおもしろい

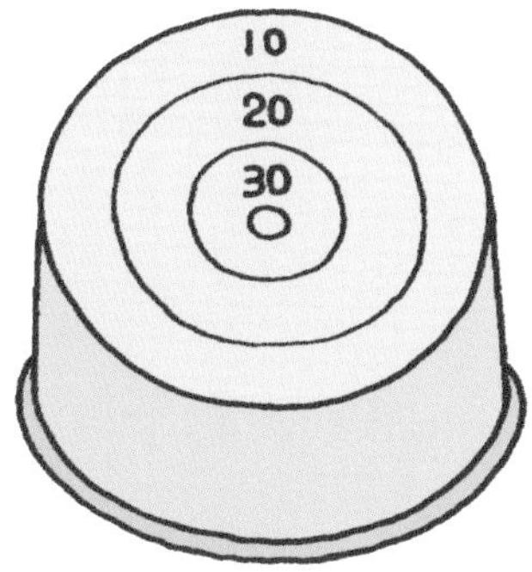

高さに差をつけたまと

1cmから24cmまで7種類！

レベル 1 2 3 4 5 6 7 8 (■□□□□□□□)

ひもかけ手のせ

まわっているこまにひもをかけ、引き上げて手のひらにのせてまわす技です。ひもを引くときと空中で受けとるときの、ひざの使い方がポイントです。

見て練習しよう　ひもを引きぬく（p12）
応用技・あそび　空中手のせ（p24）　こま鬼ごっこ（p31）

① こまをまわしたら、ひもの両はしを持つ。

② 向こう側からこまの足にひもをかけ、こまの足に1回巻く。

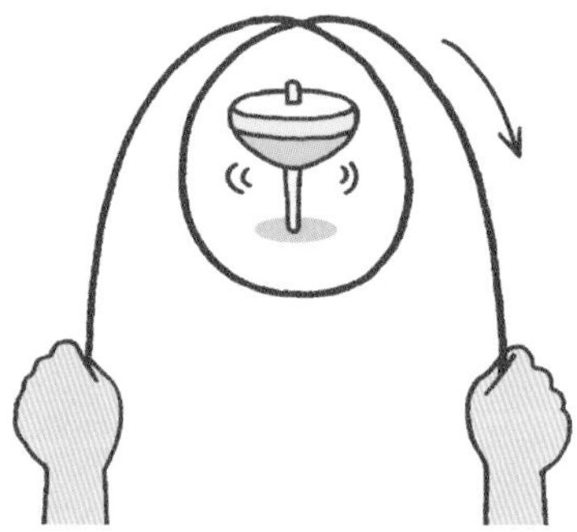

巻いたら、ひもをゆっくり引いて輪を小さくする

③ ひものはしを片手でたばねて持つ。

ひもはたるませておく

④ ひもを引き、かるく上にはねあげる。

まっすぐはねあげるには、一度かるく手を下げてから上に引くとよい

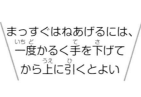

ひざのクッションも使って、やわらかくはねあげよう

⑤　落ちてくるこまをやさしく受けとる。

手に乗ったら
じっとする

受けるときもひざの
クッションを使おう

手のひらは平らに、力をぬいて

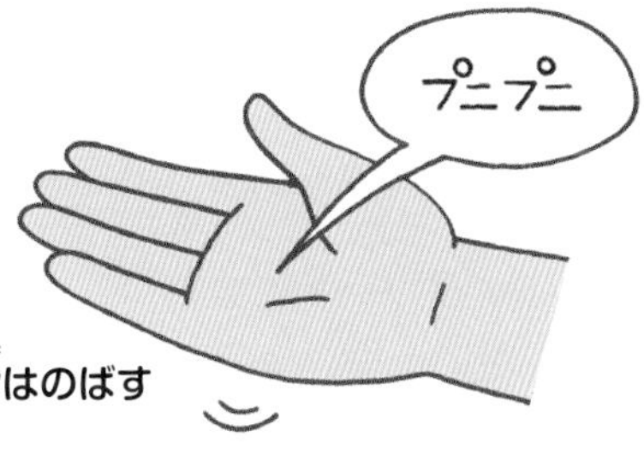

手のひらがかたいと、
こまがすべって
にげていくよ

いろいろな「手のせ」

レベル 1 2 3 4 5 6 7 8（レベル1）

かつおの一本づり

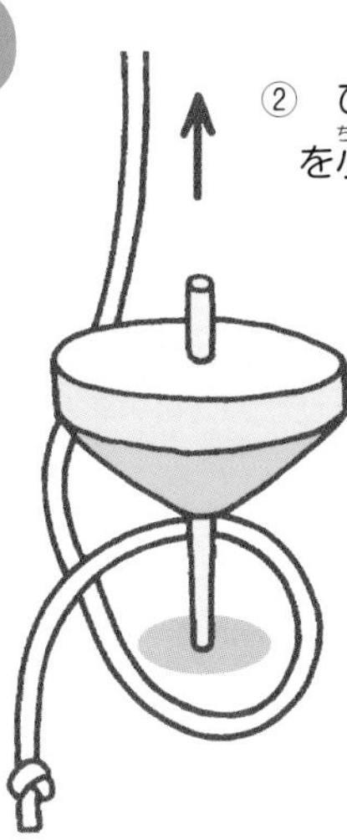

①　こまの足に1回ひもを巻いたら、片方のひもをはなす。

②　ひもを引いて輪を小さくする。

③　1本のひもではねあげて、手のひらにのせる。

レベル 1 2 3 4 5 6 7 8（レベル2）

どじょうすくい

指の間にこまの足を入れ、上にはねあげて手のひらにのせる。

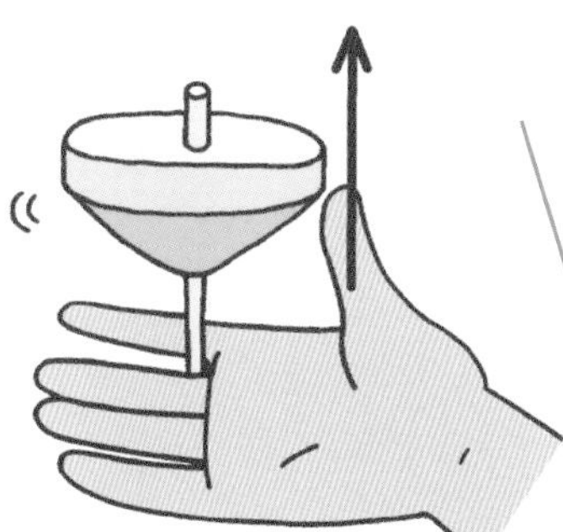

長くこまにふれていると
回転が弱くなる。一瞬で
はねあげよう

レベル 1 2 3 4 5 6 7 8（レベル2）

日本一周

かたむいたこまにひもをかけ、こまといっしょに体ごとぐるりとひとまわりする技です。遠心力で持ち上げるので、こまの重さを感じながらまわりましょう。

見て練習しよう　ひもを引きぬく（p12）

応用技・あそび　メリーゴーランド（p21）

① こまをまわしたら、ひもの両はしを持つ。

② こまの足に、ひもを向こう側からかける。

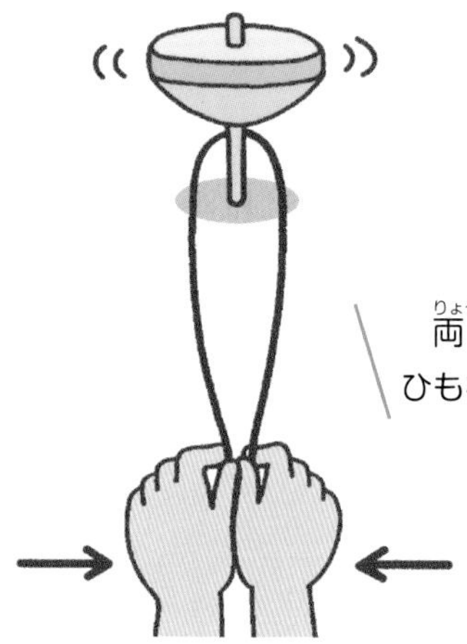

両手をよせて、ひもをそろえておく

③ こまをかるく上に引き上げながら、ゆっくり体ごと左まわりにまわる。

むりやりふりまわすと、こまはひもからぬけて飛んでいってしまうよ

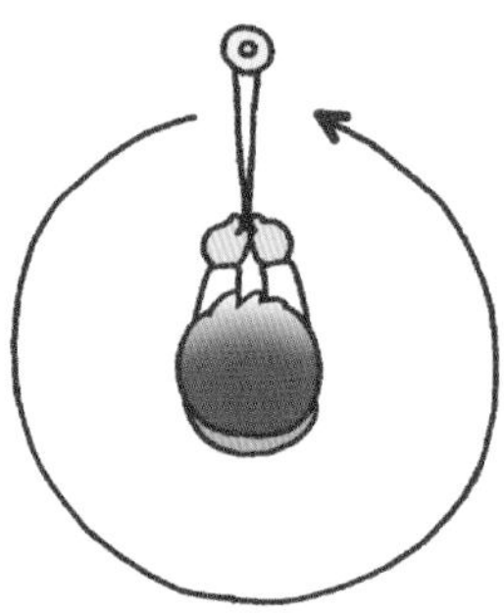

ゆっくり左まわり

！ こまがななめにまわっていると、ひもにかけやすい

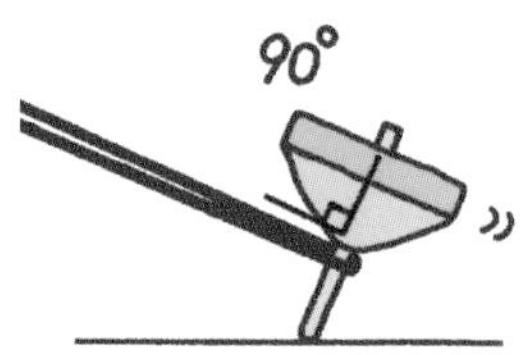

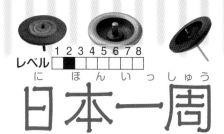

直角にかかるとよい

レベル 1 2 3 4 5 6 7 8（レベル2）

メリーゴーランド

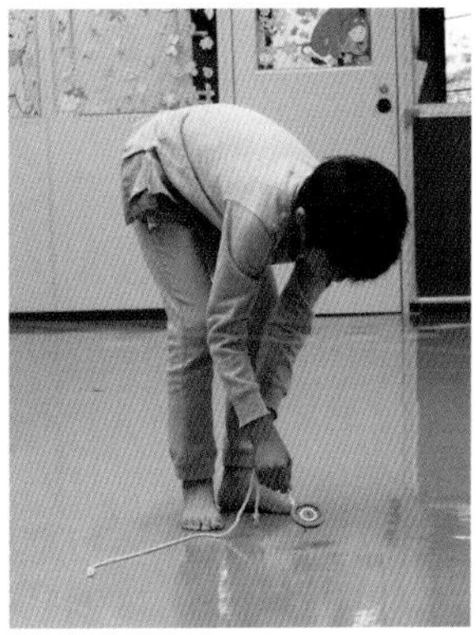

こまにひもをかけて手もとで小さくまわす技です。
メリーゴーランドのようにぐるぐるいっぱいまわると楽しいですよ。何周できるかな。

見て練習しよう　ひもを引きぬく（p12）
応用技・あそび　犬のさんぽ（p14）　日本一周（p20）

① こまをまわしたら、ひもの両はしを持つ。

② 向こう側からこまの足にひもをかける。ひもをたばねて片手で短く持つ。

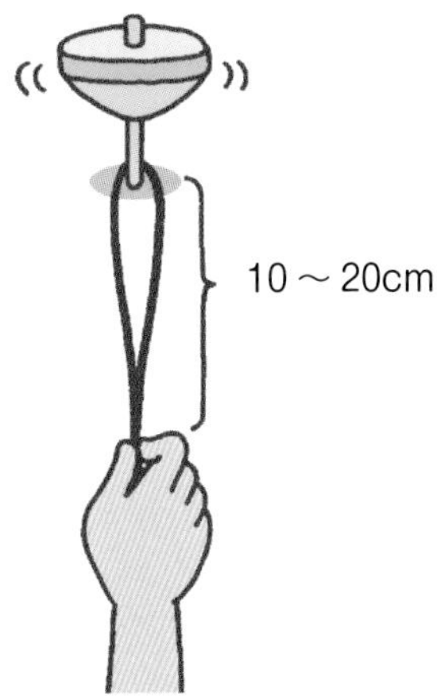

③ こまをかるく引き上げながら、すばやく左まわりに手もとでふりまわす。

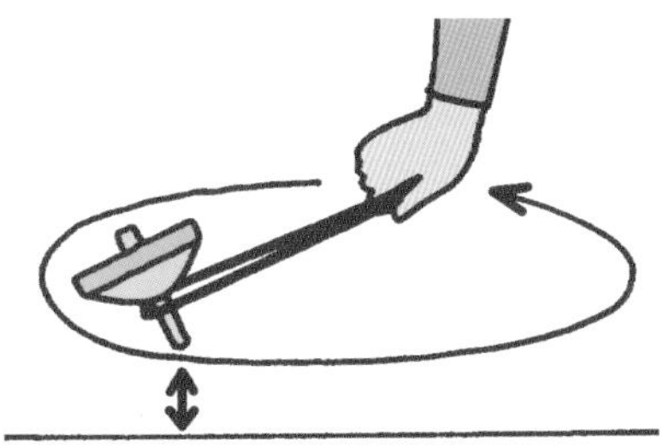

何回まわせるかチャレンジ！

④ さいごは地面に着地させる。

はねあげて手に乗せてもいいよ

レベル 1 2 3 4 5 6 7 8 (レベル2)

はつもうで

手に乗せたこまを投げ上げ、落ちてくるまでの間に
2回手をたたく技です。
本当のお参りのように、おじぎと組み合わせてできたらすごいね！

見て練習しよう　ひもを引きぬく（p12）ひもかけ手のせ（p18）　空中手のせ（p24）
応用技・あそび　お手玉（p23）

① まわっているこまを手のひらに乗せる。

なるべく回転が強いまま
乗せられるように
練習しよう

② こまをまっすぐ上に投げ上げ、落ちる前に手を2回たたく。

こまから目を
はなさない

何回手をたたけるかやってみよう

8回できると
「お伊勢参り」！

落ちてくるこまで
けがをしないように
気をつけよう

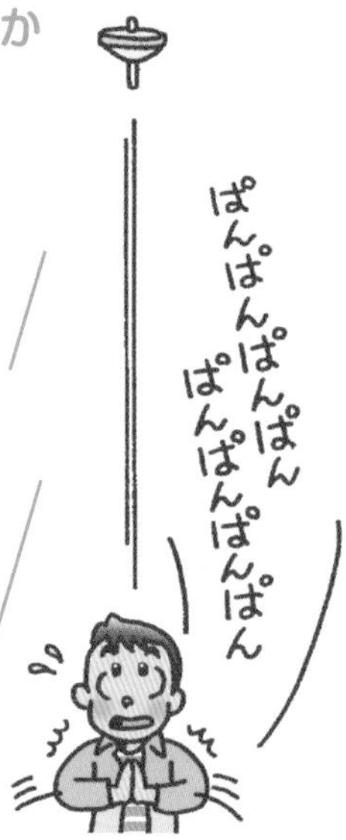

投げて受けとるコツ

●こまを投げ上げて受けとるには、手だけでやらず、体全体、ひざのクッションを使うとよい。

① 予備動作　②

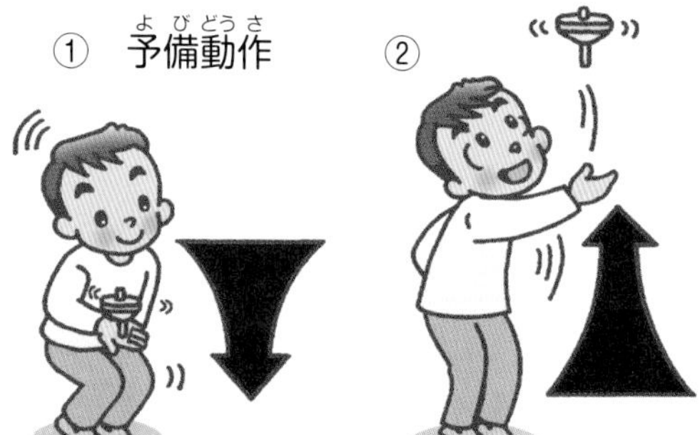

体の力をぬいて、
リラックスしてやろう

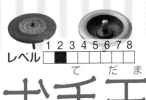

レベル 1 2 3 4 5 6 7 8 ■■□□□□□□

お手玉

手に乗せたこまを、お手玉のように左右の手に投げわたす技です。
こまを受けとるときのショックの吸収のしかたは、
ほかの技をするときにも生きてきます。

見て練習しよう　ひもを引きぬく（p12）　ひもかけ手のせ（p18）　空中手のせ（p24）
応用技・あそび　はつもうで（p22）

① まわっているこまを手のひらに乗せる。

② こまを投げ上げ、反対の手で受けとる。

②をくりかえして、右手と左手を行ったり来たりさせよう

●この動きはいろいろな技で必要なテクニックなので、たくさん練習しよう。

③ 手の上ではずまないように

こまのスピードに合わせてひざをまげる

お手玉チャレンジ

何回できるかな やってみよう

足の下を通してとれるかな

背中を通してとれるかな

レベル 1 2 3 4 5 6 7 8
□□■□□□□□

空中手のせ

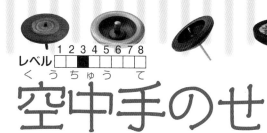

こまを地面でまわすことなく、直接手の上でまわす技です。みんながやりたくなるあこがれの技。これができると、技のはばがぐっと広がります。**ほとんどの技の基本になるので、たくさん練習しましょう。**

見て練習しよう　ひもを引きぬく（p12）　ひもかけ手のせ（p18）
応用技・あそび　お手玉（p23）など

① 地面でまわすときと同じように、こまを投げる。

② ひもがほどけきる直前、ひもをすばやく引きぬく。

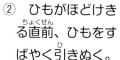

「シュパッ」とすばやく、思いきって引きぬくとうまくいくよ！

③ 飛んできたこまを手のひらで受け、まわす。

大事なのは、ひもを「引きぬく」タイミング！

●タイミングよくひもが引きぬけると、こまは勝手に上へ山なりに返ってくる。「手のひらをねらってまわそう」とか「上に投げよう」「上に返ってくるよう上に引っぱろう」と思うとうまくいかない。

いろいろな「空中手のせ」

「空中手のせ」とは、投げたこまを直接手のひらで受けてまわす技をまとめた呼び方です。投げ方や受け方によっていろいろな名前がついています。

レベル 1 2 [3] 4 5 6 7 8

ツバメ返し

投げた手で受け、まわす。

レベル 1 2 [3] 4 5 6 7 8

ヒバリ返し

投げた手と反対の手で受け、まわす。

レベル 1 2 3 [4] 5 6 7 8

しゅりけんツバメ

しゅりけん投げ（内投げ）でツバメ返し。

レベル 1 2 3 4 5 [6] 7 8

えんび返し

背中側でツバメ返し。

ためしてみよう

Let's try!

- うまくできないときは、手のひらではなく、まずはおさらやおぼんなど大きなもので受けとる練習をしよう。できるようになったら、逆にペットボトルのふたやスプーンなど、小さなものでもチャレンジしてみよう。

やってみよう！

こまのあそび

ここからは、こまのいろいろなあそび方を紹介していきます。

こまは、技をするためだけの道具ではありません。あくまで「あそぶため」のものです。決められた手順、決められたルール、それを必ずしも守らなければいけないということはありません。

この本に書いてあるあそび方は基本的なものです。自分たちがあそぶ環境や、いっしょにあそぶ友だちの実力差に合わせて、ルールを変えたり、付け加えたり、ハンデをつけたり、みんなで話しあってどんどん自分たちのルールを作ってみてください。そうやってみんなが納得するように考えたルールは大切にして、きちんと守って楽しくあそびましょう。

あそぶときに注意したいこと

- まわりの人や物に気をつけてあそぼう。人のいるほうに投げないこと。近くにガラスなどがないか注意しよう。
- 動きのはげしいあそび方もあるよ。ころんだりぶつかったりしないよう、ケガに注意すること。
- 板などを用意しておくといいよ。床を傷つけないし、外であそぶときにも役に立つよ。
- こまを床に置きっぱなしにしないこと。ふんでしまうとあぶないし、こまがこわれてしまうよ。練習やあそびの後はきちんと片づけよう。
- 「こうなったときはどうしたらいいんだろう？」と、ルールについて疑問があるときは、みんなが納得するように話しあって、自分たちでルールを決めるようにしよう。

長生き競争

2人から

かけ声とともにいっせいにこまを投げ、
だれがいちばん長くまわるかを競います。

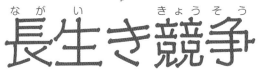

見て練習しよう　ひもを引きぬく（p12）　まといれ（p16）

準備

●板を置いたり、床にテープをはったりして、リングにしてもよい。
●こまにひもを巻いて待つ。

ルールのヒント

●リングに入らなかったら負け。
●リングから出たら負け。
などいろいろ考えて楽しもう。

① 「せーの」などのかけ声で、全員同時にこまをまわす。
② こまが止まった人は、じゃまにならないようにすぐにこまを取りのぞく。
③ いちばん長くまわっていた人の勝ち。

こまをまわしたら、
止まるまでこまに
さわらない！
たおれそう…

けんかごま

2人から

いっせいにこまをまわし、ジャンプ（p15）を使って相手にこまをぶつけて戦います。最後までまわっていた人が勝ちです。ここでは一例として、チーム戦のやり方を説明します。

見て練習しよう　ひもを引きぬく（p12）　ジャンプ（p15）

準備

チームごとに順番を決め、こまのひもを巻いて待つ。

① 1対1で対戦する。最初の人がかけ声と同時にこまをまわす。

② 「ジャンプ」（p15）で相手とこまをぶつけあい、片方が止まるまでつづける。

③ どちらかが止まるかリングアウトになったら、つぎの人が5秒以内にこまをまわす。

④ ①～②をくりかえし、最後まで残ったチームの勝ち。

ルールのヒント

- ジャンプは1回ずつ交互に行うようにする。
- リングの外に出たら負け（もどれない）。
- 相手のこまにふれたら反則負けなど。

★リングを置く場合、場外に出たら5秒以内にもどる（もどれなければアウト）。

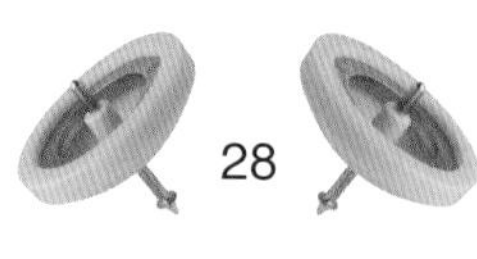

こま•まとりゲーム

2〜10人くらい

しんぱん1人

「いすとりゲーム」と同じあそび方です。いすの代わりにこまを投げ入れるまとを用意し、音楽が止まった瞬間にいっせいに「まといれ」（p16）をします。

見て練習しよう　ひもを引きぬく（p12）　まといれ（p16）

準備　●「人数より1こ少ない数」のまとを用意し、円形にならべる。いろいろな大きさがあるとよい。
●しんぱんは音楽を流したり止めたりする係。

① 音楽を流し、その間は全員がまとのまわりを歩く。
② 音楽が止まった瞬間、近くのまとにこまを投げ入れる。（早い者勝ち）
③ まとに入れられなかった人は退場。まとを1つへらして①〜②をくりかえす。
④ 最後のまとに入れた人の勝ち。

★投げ方によって入れやすい向きもあるので、1回ごとにまわる向きを変えると、公平になって勝負がおもしろくなるよ。

ルールのヒント

●まとにこまが2つ入った場合
しんぱんの判断で、早くこまを入れたほうを勝ちとする。
●まとに入らなかった場合（何人でも）
しんぱんのカウント以内（10秒など）ならやり直しができる。時間切れは退場。

こま迷路

1人から

こまで迷路あそびをしよう。迷路は手作りします。スタート地点でこまをまわし、板を手に持ってかたむけながら、こまをゴールへと進めます。壁を飛びこえるのはだめですよ。

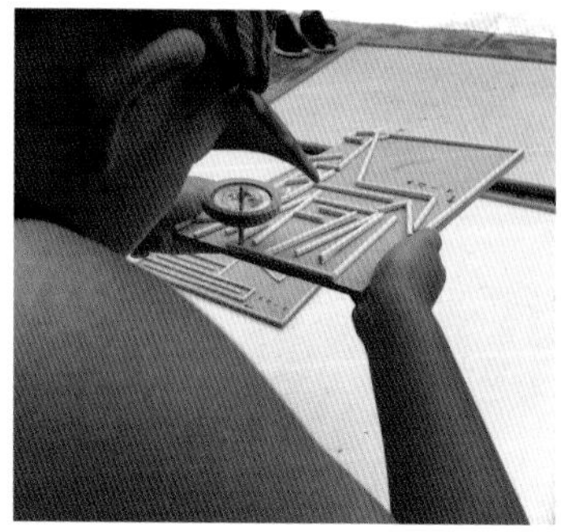

見て練習しよう　ひもを引きぬく（p12）　まといれ（p16）

友だちとクリアタイムを競っても楽しいね

作り方

木ぎれを貼ってコースをつくる。

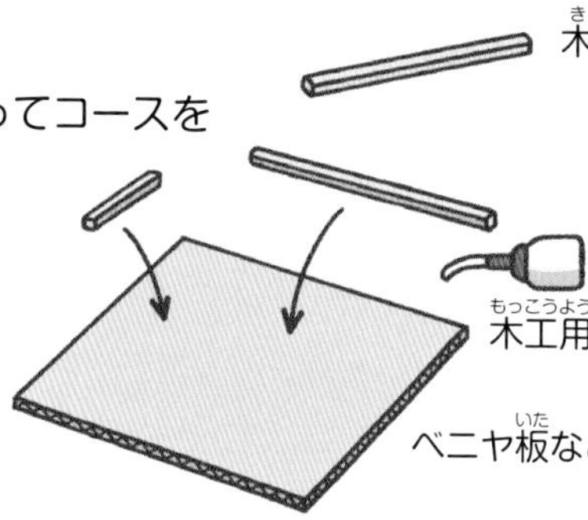

ネジどめするとじょうぶになるよ

きみならどんなコースにする？

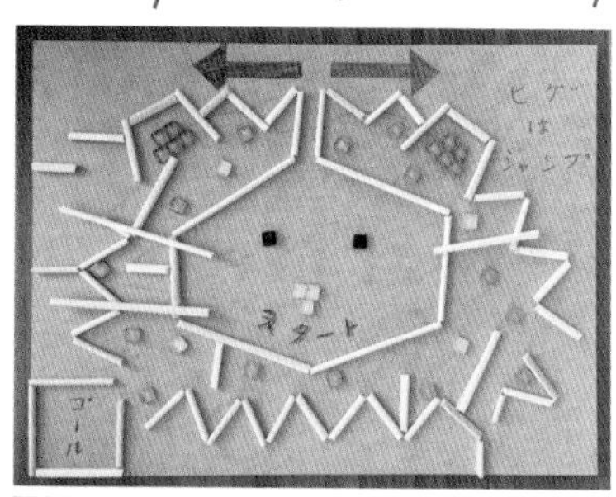

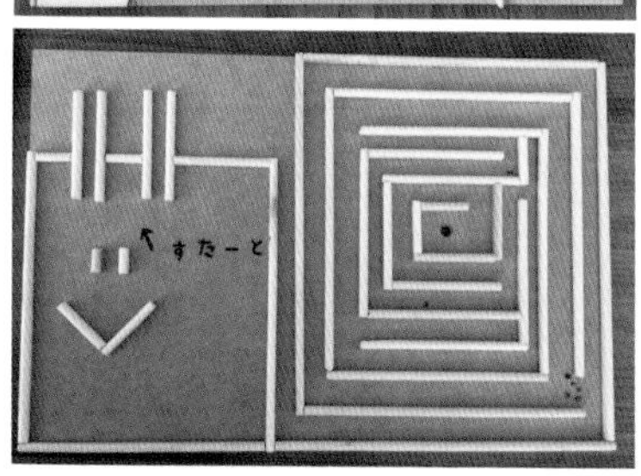

【迷路の例】

いろいろなコースを考えてみよう

スタート地点はこまをまわすので広くとる

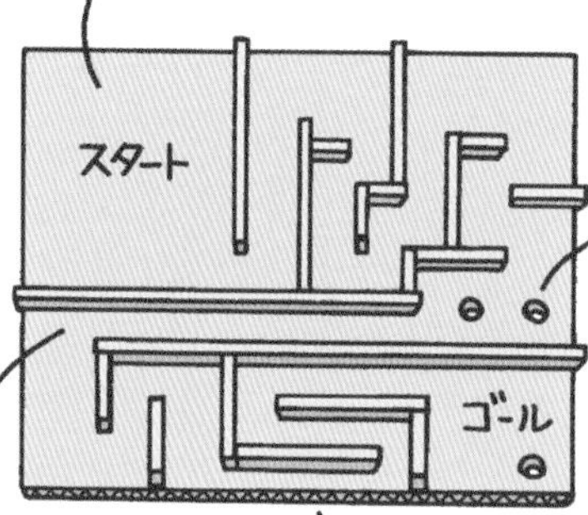

落とし穴やゴールの穴をあけてもおもしろい

道はこまが通る広さで。せまいほうがむずかしい

外わくをつけず、落ちたらゲームオーバー

注意●ドリルなどで穴をあける場合は、大人の人にやってもらおう。

こま鬼ごっこ

（2人から）

こまを手の上でまわし、こまがまわっている間だけ動ける鬼ごっこです。
空中手のせ（p24）ができるようになってからやると、
よりスピーディーなゲームが楽しめます。

見て練習しよう　ひもを引きぬく（p12）　まといれ（p16）　ひもかけ手のせ（p18）　空中手のせ（p24）

準備　じゃんけんなどで鬼を決め、こまにひもを巻いて待つ。

ひもを落とすと、こまが止まったときにまわせなくなる。しっかり持っていよう

手の上でまわすのがむずかしければ、お皿やキャップの上などでまわしてもよい

① 合図で鬼以外はこまをまわし、手にのせる。鬼は10数えてからこまをまわし、手にのせる。
② こまがまわっている間は追いかけたりにげたりできる。こまが止まるか落ちるかしたら、もう一度手の上でこまをまわすまで動けない。
③ 最初にタッチされた人が次の鬼になる。

ルールのヒント

●ひもを落とした場合、ひもをひろうまでにげたり追いかけたりできない。

注意●こまに集中しすぎて人や壁にぶつかったり、段差でころばないように気をつけよう。

【著者紹介】
日本こままわし協会（にほんこままわしきょうかい）
2002年9月、「日本こままわし普及協会」として発足し、ウェブサイトや年5回の会報などで各地のこまや会員の活動、イベント情報などを発信する。2016年に「日本こままわし協会」へ名称変更後もこままわしの普及に努めている。主催する「こままわし大会」は2019年に100回を越えた。

日本こままわし協会会長　日本独楽博物館館長
藤田由仁（ふじた・よしひと）
「こまのおっちゃん」の愛称で親しまれ、300種以上もあるこまの技や伝承あそびを普及するため日本各地を巡演。10数か国の海外公演もおこなっている。

制作協力●
赤坂幸太郎／島村純／鈴木翔心／谷直柔・谷幹太／照屋礼／長谷川仁薫／古川元気／
三上大晴／源口ひいろ／山瀬圭・山瀬琢磨・山瀬竜之介・山瀬千福／吉田直弘
赤坂和広／岡本豊／金坂尚人／上玉利大樹／長谷川貴彦／日高明宏／古井将昭／宮下直毅／門馬洋子
赤羽ベーゴマクラブ／綾瀬児童館／中野スキルトイクラブ

協力●市川昌吾／武田勉／渡邉有希乃
画像提供●日本独楽博物館
撮影協力●喜多英人
イラスト●種田瑞子
本文DTP●渡辺美知子デザイン室

【図書館版】はじめてのこままわし　初級のワザとあそび

2020年3月12日　第１刷発行

著　者●日本こままわし協会©
発行人●新沼光太郎
発行所●株式会社いかだ社
〒102-0072　東京都千代田区飯田橋2-4-10　加島ビル
Tel.03-3234-5365　Fax.03-3234-5308
E-mail　info@ikadasha.jp
ホームページURL　http://www.ikadasha.jp/
振替・00130-2-572993

印刷・製本　モリモト印刷株式会社
乱丁・落丁の場合はお取り換えいたします。
Printed in Japan
ISBN978-4-87051-523-9